U0597504

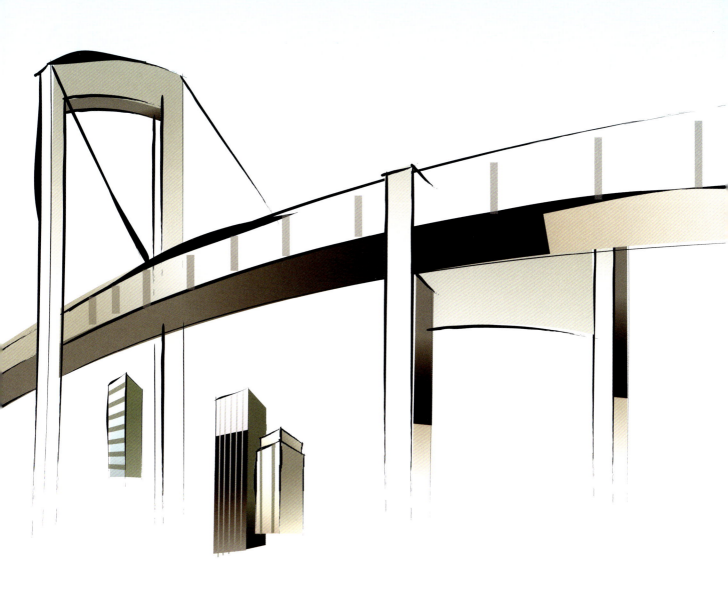

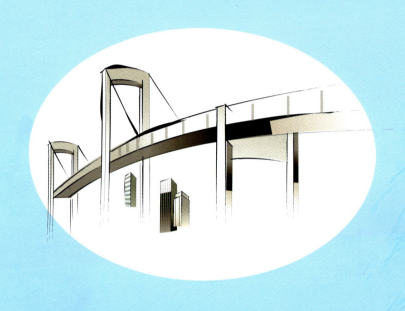

国家出版基金项目
NATIONAL PUBLICATION FOUNDATION

CHINA
这就是中国
你好，中国桥

朱泓 著

北京时代华文书局

图书在版编目（CIP）数据

你好，中国桥 / 朱泓著. — 北京 ： 北京时代华文书局，2020.6（2022.4重印）
（这就是中国 / 朱泓主编）
ISBN 978-7-5699-3555-4

Ⅰ. ①你… Ⅱ. ①朱… Ⅲ. ①桥－中国－青少年读物 Ⅳ. ①U448-49

中国版本图书馆CIP数据核字(2020)第010469号

这 就 是 中 国
ZHE JIU SHI ZHONGGUO

你 好， 中 国 桥
NIHAO，ZHONGGUO QIAO

著　　者 ｜ 朱　泓

出 版 人 ｜ 陈　涛
选题策划 ｜ 许日春
责任编辑 ｜ 许日春　石乃月　沙嘉蕊
审　　订 ｜ 鹿立好　张鸣祥　鞠秀颖
责任校对 ｜ 陈冬梅
内文插画 ｜ 陈泓希
装帧设计 ｜ 孙丽莉　九　野
责任印制 ｜ 訾　敬

出版发行 ｜ 北京时代华文书局 http://www.bjsdsj.com.cn
　　　　　北京市东城区安定门外大街138号皇城国际大厦A座8楼
　　　　　邮编：100011 电话：010-64267955 64267677
印　　刷 ｜ 小森印刷（北京）有限公司
　　　　　（如发现印装质量问题，请与印刷厂联系调换，电话：010-80215073）
开　　本 ｜ 889mm×1194mm　1/16　印　张 ｜ 2.25　字　数 ｜ 56千字
版　　次 ｜ 2021年7月第1版　印　次 ｜ 2022年4月第2次印刷
书　　号 ｜ ISBN 978-7-5699-3555-4
定　　价 ｜ 34.00元

目　录

什么是桥
——跨越障碍的大型构造物

　　桥是路的"咽喉"，没有它就过不了河川，跨不过山谷。
　　桥梁是供铁路、公路、水道等跨越河流、山谷或其他障碍并具有承载能力的构造物。

桥字的演化：形声字。
木表意，表示桥最初用树
木建成；乔表声。

桥梁的分类

　　按建设规模大小分类，主要以桥的长度和跨径的大小作为划分依据，分为特大桥、大桥、中桥、小桥等。

　　按受力方式分类，有梁桥、拱桥、刚架桥、悬索桥、组合体系桥等。

　　按用途分类，有公路桥、铁路桥、公路铁路两用桥、城市桥、渡水桥、人行天桥，以及其他专用桥梁等。

　　按跨越障碍物的性质分类，有跨河桥、跨线桥和高架桥等。

　　按活动条件分类，有固定式桥梁、活动桥和浮桥。

👉 梁桥

　　梁桥是我国最早出现的桥型，独木桥就是最原始的梁桥，由于其构造简单，逐渐发展成为最普遍的桥型。

拱桥

浮桥

👆 高架桥

高架桥是指跨越深沟峡谷，以代替高填路堤的桥梁，或在大城市中的原有道路之上另行修建快速车行道的桥梁。

悬索桥

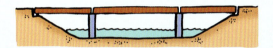

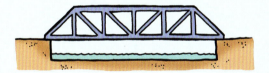

👆 立交桥

立交桥是在高速公路及城市道路中常见的一种桥型。

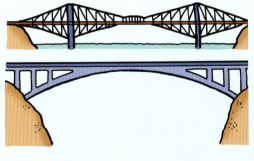

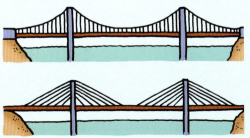

写一写，这些分别是什么桥？

桥梁的组成

　　桥一般由上部结构、下部结构、支座和附属构造物四个基本部分组成。以支座为分界线，支座以上为上部结构；支座以下为下部结构，如桥墩、桥台、墩台基础。

主缆　　桥塔　　吊索

桥墩　　桥面

吊杆

拱肋

盖梁

基础

主梁

墩身

桥梁的施工流程

桥梁施工是指按照设计图纸建造桥梁的过程。施工流程包括前期准备、组织设计、施工管理等。

与桥梁建设相关的职业：

规划设计师
建造师
测量员
施工员
质检员
监理工程师
桥梁养护工
桥梁检测员

我国古代桥梁工程
——每一座桥都是历史的见证者

中国是桥的故乡，自古就有"桥的国度"之美称。桥发展于隋，兴盛于宋。多姿多彩的古代桥梁，有不少是世界桥梁史上的创举，展示了中华历史文化和古代匠人的匠心，充分显示了中国古代劳动人民的非凡智慧与才能。

赵州桥、洛阳桥、卢沟桥、广济桥并称为中国古代四大名桥，是我国古代桥梁的杰出代表。

👆 河北赵州桥

赵州桥距今已有 1400 多年的历史，是世界现存最古老、最雄伟的石拱桥，由隋朝名匠李春设计建造。赵州桥只用单孔石拱跨越洨河，石拱的跨度为 37.7 米，总共长 50.82 米。这样的巨型跨度，在当时是一个创举。更为高超绝伦的是，在大石拱的两肩上各砌两个小石拱，从而改变了过去大拱圈上用沙石料填充的传统建筑形式，创造了世界上第一个"敞肩拱"的新式桥型。这是一项了不起的创新，在相当长的时间里是世界上独一无二的。直至 14 世纪时，法国泰克河上才出现类似的敞肩形的赛雷桥，比赵州桥晚了 700 多年。结构坚实、外形美丽的赵州古桥，历经千年风霜雨雪，至今仍完好地屹立于中国。

👆 广东潮州广济桥

广济桥位于广东省潮州市东，横跨韩江。

广济桥始建于南宋乾道六年 (1170)。全桥历时 57 年建成，全长 515 米，分东西两段梁桥和中间一段浮桥。两段梁桥共 20 个桥墩，桥墩用花岗石块砌成，中段用 18 艘梭船连成浮桥，能开能合：当大船、木排通过时，可以将浮桥中的浮船解开，让船只、木排通过，然后再将浮船归回原处。广济桥是世界上最早的一座开关活动式大石桥。

👆 北京卢沟桥

　　卢沟桥位于北京西南郊的永定河上，为联拱石桥，始建于金大定二十九年(1189)，清康熙三十七年(1698)重修建。全长266.5米，有11孔，各孔的净跨径和矢高均不相等，边孔小，中孔逐渐增大。桥面两侧筑有石栏，柱高1.4米，柱头上刻有形态各异的石狮。1937年"七七事变"在此发生，是日本全面侵华的开始，卢沟桥见证了历史沧桑。

👆 福建泉州洛阳桥

　　洛阳桥原名万安桥，位于福建省泉州洛阳江上，是中国现存最早的跨海梁式大石桥。它由宋代泉州太守蔡襄主持修建。这座跨江接海的大石桥用花岗岩砌筑，桥长834米、宽7米，残存桥墩31座。洛阳桥在施工上创造了"筏形基础"和"激浪以涨舟，悬机以弦丝牵"的奠基法和桥板浮运法。桥梁专家茅以升在《桥梁谈往》中称誉洛阳桥说："这种基础，就是近代桥梁的'筏形基础'，但在国外只有不到一百年的历史，所用桥梁的'浮运法'，就是今日还很通行。洛阳桥是世界桥梁筏形基础的开端，为桥梁技术开辟了新纪元。"

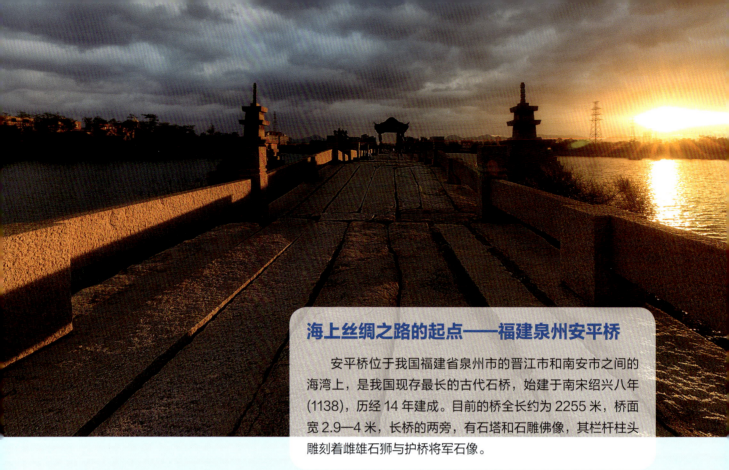

海上丝绸之路的起点——福建泉州安平桥

　　安平桥位于我国福建省泉州市的晋江市和南安市之间的海湾上，是我国现存最长的古代石桥，始建于南宋绍兴八年（1138），历经14年建成。目前的桥全长约为2255米，桥面宽2.9—4米，长桥的两旁，有石塔和石雕佛像，其栏杆柱头雕刻着雌雄石狮与护桥将军石像。

👆 具有特色的江西婺源彩虹桥

　　宋代建造的古桥彩虹桥是婺源廊桥的代表作。所谓廊桥就是一种带顶的桥，这种桥不仅造型优美，最关键的是，它可在雨天里供行人歇脚。彩虹桥取唐诗"两水夹明镜，双桥落彩虹"之意命名。桥长140米，桥面宽3米多，4墩5孔，由11座廊亭组成，廊亭中有石桌石凳。

☞ 最大的园林桥
——北京颐和园十七孔桥

　　十七孔桥横卧于北京颐和园昆明湖南湖岛与东岸之间的水面上，这是一座造型优美的联拱大石桥。它的特别之处是十七孔桥洞的设置，中间券洞最为高大，由此向两侧逐渐缩小，且从东或西分别向中间的券洞数去，桥洞的数目均为九个。这是因为古人认为"九"是最大的阳数，含有吉祥平安之意。

☞ 最具艺术美的桥梁
——江苏扬州五亭桥

　　五亭桥始建于清乾隆年间，桥上建有极富南方特色的五座风亭，挺拔秀丽，似五朵冉冉出水的莲花。桥基由十二块大青石砌成，桥下有十五个桥洞，洞洞相通，满月的夜晚，每个洞内各衔一月，别具诗情画意。

☞ 浙江杭州断桥
——《白蛇传》的"断桥相会"

　　杭州"断桥残雪"成为西湖十景之一，除断桥本身之美外，其主要原因是传说中白娘子与许仙曾在此相会。传说南宋绍兴年间，许仙在断桥巧遇美丽的白素贞，同舟避雨，遂结为夫妻。这就是《白蛇传》中著名的"断桥相会"，表达了人们对男女自由恋爱的赞美。白娘子多情善良而又坚贞不屈，至今仍是人们最喜爱的艺术形象之一。

我国现代桥梁工程
——每一座桥都是一道富有魅力的风景线

中国现代桥梁是极具魅力的超级工程，是国之名片。中国桥梁工程师和工人们以其精湛的技艺完成了看起来似乎不可能实现的奇迹——这就是中国桥梁！

沪苏通长江公铁大桥

北盘江大桥

中国现代桥梁总数已达约 86 万座，其中公路桥梁约 80 万座，铁路桥梁约 6 万座，位居世界第一。目前，高度居世界前一百名的现代大桥，中国就有 80 多座。

张家界云天渡玻璃桥

桥梁世界之最

★ 世界第一高的桥是贵州北盘江大桥，桥面距江面高达 565 米，足有 200 层摩天大楼高，比法国和美国的第一高桥分别高出 222 米和 244 米。

★ 世界第一长桥是京沪高铁上的丹阳－昆山特大桥，全长 165 千米，在"软豆腐"似的土基上成功创建，跨过水路、公路、铁路，强有力地支撑"复兴号"高铁以 380 千米的时速平稳飞驰。

★ 世界上首次使用火箭成功完成先导索抛送的是湖北四渡河大桥。

★ 世界最长最高全透明玻璃桥是张家界云天渡玻璃桥，堪称人间奇景。

★ 世界上最大跨度的公铁两用斜拉桥是沪苏通长江公铁大桥，全长 11072 米，主跨 1092 米。

★ 世界第一跨海长桥是于 2018 年通车的港珠澳大桥，被誉为世界交通工程的珠穆朗玛峰。

港珠澳大桥青州航道桥索塔的中国结造型

港珠澳大桥

　　港珠澳大桥是中国境内一座连接香港、珠海和澳门的桥隧工程。全长 55 千米，桥梁宽度 33.1 米，隧道宽度 28.5 米，桥墩 224 座，桥塔 7 座，桥面为双向六车道高速公路，设计速度 100 千米 / 时。

　　港珠澳大桥 2018 年建成通车，极大缩短了香港、珠海和澳门三地间的通行时间，成为中国从桥梁大国走向桥梁强国的里程碑之作。该桥被业界誉为桥梁界的"珠穆朗玛峰"，被英国《卫报》称为"现代世界七大奇迹"之一。港珠澳大桥是世界上里程最长、钢结构最大、施工难度最大、沉管隧道最长、科学专利和投资金额最多的跨海大桥，创造了多项世界纪录。

港珠澳大桥建设者和白海豚的故事

　　珠江口的伶仃洋，这里是有着"海上大熊猫"美誉的中华白海豚的最大栖息地。海天之间，人与自然和谐共处，超级工程与中华白海豚相互守望。港珠澳大桥的建设者们在大桥建设的同时，也格外注意保护好中华白海豚。通过优化设计，减少占用海域面积，减少淤泥产生量，减少打桩作业量，减少海上作业时间，将对中华白海豚的侵扰减到了最低。"大桥通车、白海豚不搬家"，是大桥建设者的承诺。

　　"它们一来玩，我们就暂停了。"有一次施工中，突然发现岛旁几百米出现了两头中华白海豚，根据"500米以内停工观察，500米以外施工减速"的原则，迅速通知停工，两头调皮的中华白海豚在该海域一"玩"就是四个多小时，工人们等待了足足四个多小时。港珠澳大桥展现了可持续发展的绿色生态建设理念。

港珠澳大桥上的"海豚"塔

贵州的桥

中国贵州是多山之省，沟壑纵横、山高水远，但哪怕山路十八弯，人们也想方设法走出一条新路。如今的贵州高原，两万余座桥梁跨越天堑，6000 千米高速公路飞架云端。从海拔 2000 多米的乌蒙高原，到海拔 500 多米的赤水河谷，俨然已是一路畅通的"高速平原"。"小桥流水人家"的场景与"天堑变通途"的大桥交相辉映。世界前一百名高桥中，来自贵州的就有 40 多座。贵州享有现代"桥梁博物馆"的美誉。

北盘江大桥

飞跃云贵高原中部的贵州北盘江大峡谷的北盘江大桥，主跨 720 米，全长 1341 米，桥面到江面的高度差为 565 米，是世界第一高桥。

赫章特大桥

清水河大桥

位于毕节至威宁高速公路上的赫章特大桥，总长 1088 米。赫章特大桥以 11 号主桥墩 195 米的高度，享誉世界。11 号主桥墩位于一个较深的峡谷内，山风猛烈，风力经常超过 6 级，最大风速可达每秒 28 米，施工难度大。

清水河大桥是贵瓮高速公路的控制性工程，主跨径 1130 米，是贵州省跨径最长的悬索桥，也是世界跨径最大的山区板桁结合加劲梁悬索桥。

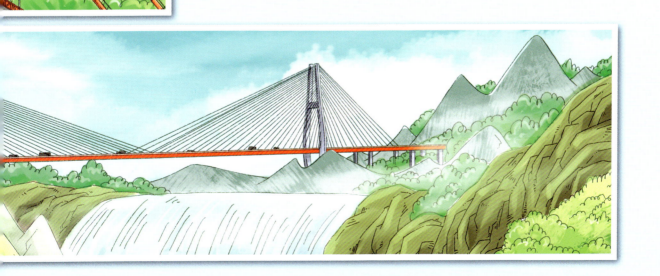

👆 上海卢浦大桥

　　跨越黄浦江的上海卢浦大桥主桥为全钢结构，全长 750 米，采用一跨过江，主桥面宽 28.7 米，主桥按六车道设计，引桥按六车道、四车道设计，2003 年建成通车。卢浦大桥在设计上融入了斜拉桥、拱桥和悬索桥三种不同类型的桥梁设计工艺，是目前世界上单座桥梁建造中施工工艺最复杂、用钢量最多的大桥。

👉 杭州湾跨海大桥

杭州湾跨海大桥是连接长三角的交通枢纽。大桥全长 36 千米，是当时世界上已经建成的最长的跨海大桥。该桥于 2003 年 6 月 8 日开工建设，2008 年 5 月 1 日建成通车。首次引入了景观设计概念，借助"长桥卧波"的美学理念，呈现"S"形曲线。离南岸 14 千米处，有一个面积 1.2 万平方米的海中平台，既是一个海中交通服务的救援平台，同时也是一个绝佳的旅游休闲观光台。

👉 张家界云天渡玻璃桥

张家界云天渡玻璃桥位于湖南省张家界大峡谷景区内，兼具景区行人通行、游览、蹦极等功能。桥面长 430 米，宽 6 米，桥面距谷底相对高度约 300 米，可站 800 人。这座玻璃桥也是世界首座斜拉式高山峡谷玻璃桥，且创下世界最高、最长的玻璃桥，首次使用新型复合材料建造桥梁等多项世界纪录。

👉 钱塘江大桥

1934 年，全民族抗战爆发之前，茅以升临危受命主持修建钱塘江大桥。该桥是下层铁路、上层公路的公铁两用大桥。钱塘江大桥是中国人自己设计并建造的第一座现代化大型桥梁，为中国现代桥梁史翻开了崭新的一页。

"走出去"的"中国造"桥梁

——中国桥梁成为连接世界的纽带

早在六七百年前，中国桥梁就曾沿着丝绸之路而声名远播。

如今，中国桥梁"走出去"的步伐依然矫健有力。

西南边境，数座大桥的建成为中国—东盟的联通发挥作用；巴拿马运河三桥，创下世界最大跨径混凝土斜拉桥的纪录；塞尔维亚泽蒙—博尔察大桥，与欧洲标准匹敌；肯尼亚蒙内铁路线上的蒙巴萨特大桥等 79 座桥梁，使生态保护与经济发展相映成趣。

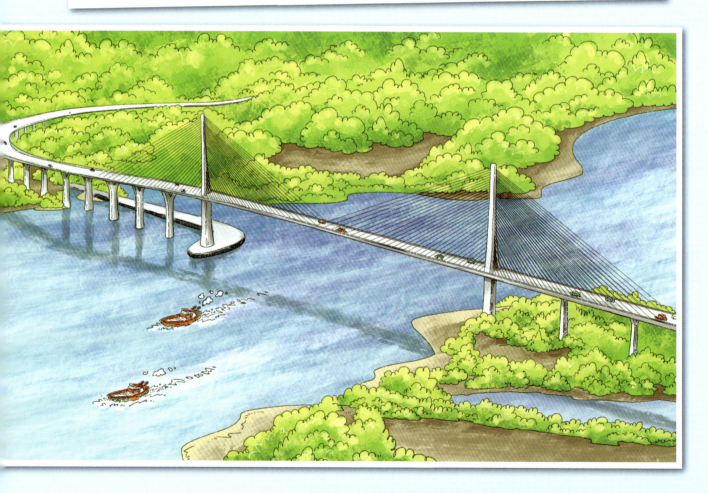

巴拿马运河三桥是巴拿马运河上大西洋侧的第一座大桥，全长 4605 米，工程历时 6 年，是世界上最大跨径的混凝土斜拉桥之一。

"一带一路"的名片项目泽蒙一博尔察大桥，赢得"中国桥"美誉。

一列肯尼亚蒙内铁路列车行驶在蒙巴萨特大桥上。

未来的桥

——东方腾飞的巨龙

　　未来的桥一定建得更快，例如 BIM、超大跨径钢箱梁悬索技术；未来的桥功能一定更强大，例如多塔连跨悬索桥的千米级技术、新型超高性能混凝土新技术、大跨度空间钢结构关键技术；未来的桥一定更加智能，例如智能控制技术、智能防灾装置、结构健康检测技术系统；未来的桥一定用得更久，例如智能桥梁巡检养护系统，将建设使用寿命长达 200 年、300 年甚至更久的大桥。

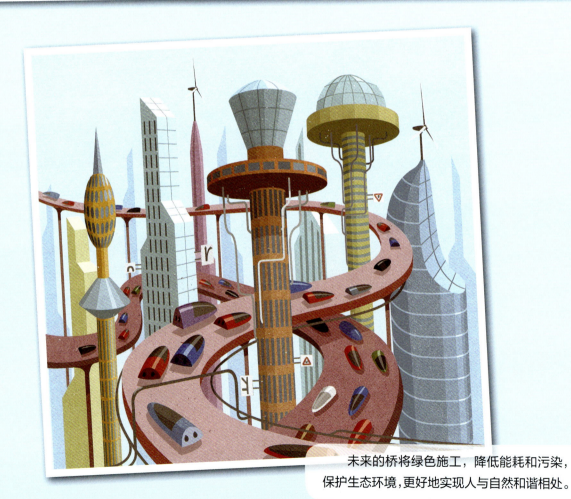

未来的桥将绿色施工，降低能耗和污染，保护生态环境，更好地实现人与自然和谐相处。

茅以升建造钱塘江大桥

  茅以升（1896—1989），江苏镇江人，中国现代桥梁之父。他一生爱桥、造桥，为中国的桥梁工程和桥梁文化建立了不朽的功绩。

  历时数年，由中国工程师茅以升主持设计建造的钱塘江大桥，建成通车不足3个月，即因日军侵略而被迫炸毁。茅以升"不复原桥不丈夫"的夙愿最终实现，1946年3月，在茅以升主持下，钱塘江大桥得以复原。

"桥何名欤？曰奋斗。"

——现代桥梁之父茅以升

   拥有了奋斗精神，无论脚下是高山荆棘还是汹涌波涛，前进的道路将会越走越宽广。

桥梁中的力学小知识

重力：

物体由于地球的吸引而受到的力叫重力。重力的施力物体是地球。重力的方向总是竖直向下。

重心：

物体内各点所受的重力产生合力，这个合力的作用点就是这个物体的重心。

规则而密度均匀物体的重心就是它的几何中心；不规则物体的重心，可以用悬挂法来确定。物体的重心，不一定在物体上。

牛顿第三运动定律：

当两个物体相互作用时，彼此施加于对方的力，其大小相等、方向相反。力必会成双结对地出现：其中一道力被称为"作用力"；而另一道力则被称为"反作用力"，又被称为"抗力"；两道力的大小相等、方向相反。作用力与反作用力是相互的，被称为"配对力"。